अल्फ़ाज़-ऐ-मिलाप

मेरी नई कविताएँ और शायरियाँ

विघ्नेश शिरढोणकर 'मिलाप'

ISBN 979-888606511-4

कवि का पत्र

जानता हूँ यह मेरी पहली पूर्ण रूप से लिखी गयी काव्य पुस्तक है। यह मेरी मार्मिक भावना को जनमानस तक पहुँचाने का कार्य करेगी। जब तक यहमशहूर होगी तब तक शायद मैं रहूँ ना रहूँ;कल किसने देखा है? ज़िन्दगी की शुरुआत से लेकर अब तक कितनी मुसलसल दौड़ें देखी हुई हैं!ये नहीं मालूम है, अब सफर कैसा बीते गाये बस मुमकिन होना बाकी है।शुरुआत तो हो ही चुकी है मेरी इस सफर की और यह सफर आपके साथ ही गुज़रेगा ये भी मुझको मालूम है।पहले 19 जनवरी 2003 को जब जन्म हुआ था, वह मेरा पहला कदम दुनिया में।कुछ ऐतिहासिक पड़ाव भी मिले।दर्द मिले शिकवे मिले।ग़म ना करना मेरी फितरत बन चुकी है।जबसे होश संभाला तब से सिर्फ गाना और लिखना मेरी फितरत रही है।तो इसी के साथ मैं अपने गुरुजनों, परिवार और दोस्तों को धन्यवाद करना चाहता हूँ जिन्होंने आज मुझे इस काबिल बनाया है कि मैं अपने किस्से बाँट सकूँ। मैं खुलकर यही बोलूंगा कि आज मैं जिनकी वजह से हूँ वह केवल मेरे परिवार वाले, मेरे दोस्त और मेरे रिश्तेदार हैं।शुक्रिया महाराजा सयाजीराव यूनिवर्सिटी के दोस्तों को जिनके कारण आज मुझे ये कलम उठाने की हिम्मत हुई है एक मुद्दत बाद। सबसे पहले तो मैं मेरे माता पिता का शुक्रिया अदा करूंगा जिनके कारण आज मैं ज़िंदा हूँ। फिर जिसने मुझे स्कूल से रूबरू कराया उन दोस्तों का शुक्रिया अदा करूंगा। फिर जिसने मुझे मेरे ही field से रूबरू कराया मेरी दोस्त और बहन उसका शुक्रिया अदा करूंगा। और आँखरी में उन दोस्तों का जो मेरे ही साथ हैं और हमेशा रहेंगे उनका भी शुक्रिया अदा करूंगा। ये सब

भी मेरे जैसे ही शैतान हैं। एक ही राक्षस हैं हम एक हैं हाँ हाँ एक हैं। घर में सिर्फ आई को शौक है लिखने का। आई याने कि माताश्री। मराठी में माँ को आई बोला जाता है। पापा को गाने का शौक है, मुझे लिखने, गाने बजाने का। मैं एक शायर हूँ शायरी मेरी ज़ुबान है। बचपन में जो सब हुआ वो मेरी दास्तान है। दास्तान को लेकर क्या चलूँ मेरे साथ ऐसा ना हो फिर से। मेरी शायरी कमाल है और शायर बहुत बेमिसाल है।

क्रम-सूची

प्रस्तावना — vii

भूमिका — ix

1. मेरी कहानी-1 — 1

2. मेरी कहानी-2 — 3

3. मेरी कहानी-3 — 4

4. मेरी कहानी — 5

5. सूचना — 6

6. शेर — 7

7. लता मंगेशकर जी — 8

8. शायरी — 10

9. सफ़र साथ लाया हूँ — 11

10. ज़ेर ऐ आब हुए — 12

11. एक तलब — 13

12. ज़िन्दगी के अलफ़ाज़ — 15

13. बारिश की कहानी — 16

14. दर्द — 18

15. रिंदों से कहिसुनि — 19

16. जनाब मुलाइज़ा फरमाइए — 20

17. ज़िन्दगी से उम्मीद — 21

18. बस बोल देता हूँ — 22

19. जुबान ऐ दास्तान (फ़ाक़िर की कलम को सलाम) — 23

20. रोज़ की कहानी — 25

क्रम-सूची

21. एक चाहत — 26

22. ज़िन्दगी को जीना इतना आसान नहीं — 27

23. हिन्दू राष्ट्र विश्व में — 28

24. लड़का होने की परेशानी — 29

25. समाज पर एक लेख कवि का — 32

26. कोरोना काल में कहानी — 34

27. मैं अपने जैसा हूँ — 36

28. बन जा तू मेरी ग़ज़ल — 37

29. वो वक़्त आएगा — 38

30. एक छोटी सी आँखरी ख्वाहिश — 39

31. हैवानियत की बात मत करो — 40

32. मन का अंध तमस — 41

33. शाम ऐ गुलदानी — 43

34. फुटपाथ — 44

35. सहर से मिलने जाता हूँ — 47

36. तन्हाई-1 — 48

37. ज़िन्दगी से मौत तक का सफर — 49

38. ख्वाब — 50

39. तन्हाई-2 — 51

40. चलते हैं — 53

आखिरी खत — 55

आखिरी पन्ने पर कुछ — 57

प्रस्तावना

शायर ने जबसे होश संभाला, सिर्फ एक ही चीज़ देखी: क्या ये दुनिया उसके जैसी है? क्या उसका इसी दुनिया में कोई होगा? क्या होगा जब ज़िन्दगी उसकी फितरत में ना हो? उसने एक दुनिया देखी है और उसी पर चलता आ रहा है।वह एक ट्रेन की पटरी के जैसा है और उसी आगगाडी में अपने सफर का बयान कर रहा है। जहाँ वह खुद को एक दर्शक बता रहा है वही दूसरी और खुद को एक हारा हुआ आशिक़। ये जो ट्रेन आगे जाना है उसमें उसकी क्या क्या कलार्पन कलाएँ देखने को मिलेगी, यह सिर्फ उसका दोस्त ही जान सकता है।जैसे सरदार अंजुम ने कहा है, "हमसफर होता कोई तो बाँट लेते दूरियाँ, राह चलते लोग क्या समझे मेरी मजबूरियाँ"। उसकी शायरियाँ और उसकी ग़ज़लें, क्या होंगे यह सिर्फ वही एक शख्स बता सकेगा जिसने 'मिलाप' के साथ सफर किया हो।

भूमिका

इसकी भूमिका का श्रेय मेरे आई, बाबा, परिजन, मित्र, एवं कॉलेज की सबसे प्रिय मित्र को जाता है. इसी शर्त पर उसको सम्बोधित कररहा हूँ कि उसका नाम सार्वजनिक नहीं होगा.

1. मेरी कहानी-1

आज आप सभी को मैं यहाँ इस मुकाम पर लाया हूँ. उम्मीद है आपको मेरी कहानी पसंद आ जाए. जनवरी के महीने में पैदा हुआ था. सबने सोचा कि कुछ बड़ा हासिल करूंगा. हाँ किया तो सही. छह महीने का था बिमारियों से पाला पड़ गया. अब होगा भी क्यों नहीं, इंसान ही हूँ! भगवान तोह नहीं. नौ महीने का था, बिमारी बढ़ गयी थी. अब बस मैं ज़िन्दगी और मौत के बिच का खेल खेल रहा था. शुरुआत ऐसी ही हुई थी. नर्सरी में था! नाक में एक क्रेयॉन पेंसिल का टुकड़ा घुसा लिया था. और उसको अब मैं निकाल नहीं पाया. स्कूल से घर पर कॉल आया कि आपके बच्चे ने पेंसिल का टुकड़ा नाक में घुसा लिया है. मम्मी को देर नहीं लगी स्कूल आने में और उन्होंने फिर मेरे नाक में से पेंसिल का टुकड़ा बाहर निकाला. ऐसी ही बहुत सी शरारतें कि हैं मैंने बचपन में पर कभी भी ऐसा नहीं परेशान किया जिससे किसी कोई दिक्कत हो. पहले तो क्लास में अक्सर लोग ऐसी शैतानी करते हैं कि बाद में उनको दिक्कत आ जाये पर मैंने कभी ऐसा नहीं किया. क्लास थर्ड में मुझे एक कविता लिखने का बोला था. और मैंने

वो लिखी भी थी. शुरुआत बेकार रही बाद में सब सही था. चौथी क्लास में मैंने लिखना शुरू किया था अच्छे से. पहला मुशायरा मैंने पांचवी क्लास में दिया था और मैं उसमे अफ़सोस बाकि लोगों के सामने मैं हार गया. खैर छोड़ो इन सब लोगों को! ये सब बाद में कभी लिखेंगे.

ये शायरी कविताओं की किताब है और ऑटोबायोग्राफी नहीं. पर प्रीफेस में कुछ अच्छा और लम्बा लिखना है तो सुन ही लो फिर.

2. मेरी कहानी-2

होश सँभालने की उम्र में मैं खुद को संभाल रहा था. बस अब और क्या बोलता किसी को भी? समाज से नफरत तब भी थी, आज भी है, और हमेशा ही रहेगी. इसलिए समाज को दुश्मन समझ लिया! ये सही नहीं है पर. अच्छा है! अच्छा है! बहुत अच्छा है! क्लास आठवीं में पहली ग़ज़ल लिखी थी मैंने. और वह अच्छी रही थी. क्लास ग्यारवी में पहला काव्य संग्रह 'हे पवन' छपा था. उसमें मैंने लिखा था. को ऑथर की तरह.

सबसे अच्छा अनुभव मेरा रहा था 'यूनिक' नामक पुस्तक में.

आयुषी दत्ता दीदी ने मुझे देखा था, मुझे जाना था. उनकी यह पुस्तक फ्लायर्स और ग्लेयर्स पब्लिकेशन ने छापी थी. और उन्होंने और मैंने दोनों ने मिलकर इसका कवर डिज़ाइन किया था जो बाद में चेंज कर दिया गया था. ऐसे अनुभव मुझे साझा करना पसंद है.

3. मेरी कहानी-3

झरोखा की यादें

झरोखा मेरी 'रूह से पब्लिकेशन्स' के साथ एक कम्पाईल पुस्तक थी.

शशांक गुप्ता सर ने मुझे एक मौका दिया था. आईडिया मेरा था और उसको आगे बढ़ाने वाले लोग वो थे. ८५ writers ने काम किया था. शुरुआत में सिर्फ ५ लोग थे. कोई आता भी था तो जल्दी चला जाता था. बस यही चीज़ थी जो मुझे खटकती थी. ऊपर से पब्लिकेशन भी कोई विशेष ध्यान नहीं दे रहा था.

आखिर में मुझे झगडे पर उतरना ही पड़ा. कोचिंग से घर, घर से कोचिंग के साथ साथ अब कॉल पर कॉल करने लगा, गुस्से में बोल दिया कि आपको इंटरेस्ट हो तभी आप करे इस काम को वरना यह भी एक स्वप्ना ही रहेगा. कोशिश व्यर्थ नहीं गयी. १.५ साल ही सही, पर मुझे इसमें सफलता मिली ही.

मुझे हमेशा टाला गया था पर अंत में जो लिखा वह सत्य और सार्थक हुआ.

विघ्नेश शिरढोणकर की यह पहली जीत थी. और आखिर में जुलाई में मेरी पुस्तक लोगों तक पहुंची तो सही. पर बिना रॉयल्टी के साथ. खैर ठीक है जो हुआ सो हुआ और मुझे अब लिखने के लिए मौका मिल गया.

4. मेरी कहानी

यह ऑटोबायोग्राफी जब लिखूंगा तब बहुत सी चीज़ें लिखूंगा. अभी यही सत्य है कि इतना ही लिखूंगा बाकी क किस्से बाद में. और मुझे उम्मीद है पूरी कि आप उस पुस्तक पर अपने सार्थक विचार व्यतीत करेंगे.

चलते हैं अब कविताओं के किरदारों में.

अलविदा...............

5. सूचना

एक एक पन्ने पर शायरी और कविता है। कृपया ध्यान से पढ़े। एक लेखक की ये ज़ुबान है इसलिए इसे बंद ना करे। गौर से पढ़ने के लिए धन्यवाद!

6. शेर

वो शेर मेरे जान ऐ असर मेरे खत्म ही कभी जो ना हो
मेरी बेज़ुबानी ना बने बस इसी बात का मुझ पर कहर ना
हो

7. लता मंगेशकर जी

कैसे करूँ बयान मैं आपकी इस गायकी का
आप यूँ ही ना रहीं बस इसका मलाल है
खबर जो सुनी आज वो सदमा भरी थी
वो सही थी या बेखबरी का विसाल है
यूँ तो 'महल' से आपकी शुरुआत थी
क्या खबर थी आप इतनी मशहूर होंगी
जहाँ आपका 'सजदा' था 'जगजीत'
वहाँ आपमें 'सादगी' भी रही
आपने पर कर दी सारी 'सरहदें'
आपने ही गायी 'रुदाली'
जहाँ मशहूर हुआ आपका 'लेकिन'
वही मशहूर हुई 'ग़ालिब'
आप सर्वज्ञ थीं आप थीं एक महान देवी
जहाँ संगीत को 'लता' मिली
वहीं आपमें 'माँ सरस्वती'
आप ही गायी थी 'मशाल' में
और फिर की आपने 'माचिस'
जहाँ आपके 'मीरा भजन' थे
वही आपकी थी 'त्रिवेणी'
यहाँ आपने संगीत निर्देशन किया 'नई दिशा' का
वहीं आपने साथ दिया हर एक कलाकार का
'आज़ादी' हो या हो 'ऐ मेरे वतन'

आपको याद करे गा ये 'वतन'
बस इतना ही कहना है
अब आप याद आएगी हर रोज़
यही है आपको 'श्रद्धांजलि'
फिर 'महाश्वेता' आएंगी नए रोज़

8. शायरी

कुछ खुशी के पल तो देख
अब शायर ऐ आलम बने
मिल गयी वो जुनून ऐ दास्ताँ
अब कोई रहगुज़ार बने

9. सफ़र साथ लाया हूँ

मेहताब लाने गया था
एक ट्रेन साथ लाया हूँ
इंजन बढ़ गया रह गए डिब्बे
कुछ रिश्ते छोड़ आया हूँ
फ़लसफ़े की बात न कर

इजात ऐ इश्क़ हुआ था टूट गया
मैं जाया करता था अब लौटकर ही तो आया हूँ
हाँ ये दुनिया बुज़दिल
कमबख़्त बेशर्मी की है चद्दर ओढ़े
दिल लेने गया था ट्रेन साथ लाया हूँ
यूँ सफर की बात ना कर 'मिलाप'
ये दास्तान ऐ फितरत है
बस कुछ यादें छोड़ आया हूँ
यह ज़िन्दगी को जीत ले आया हूँ

10. ज़ेर ऐ आब हुए

ऐ दिलकश अंदाज़ तुझको क्या कहना
तेरे लिए ये वादे आशिकी अंदाज़ ऐ राख हुए
सारी दुनिया के वादे ज़ेर ऐ आब हुए
जब कहा था उसको दिलज़ली लें ख़ाक हुए
तुम मुझे समझ न सके
मैं तुम से इश्क़ करता हूँ
आज यूँ कुछ अंदाज़ हुए
दिल के दरवाज़ें मशहूर ऐ पाक हुए

11. एक तलब

मुद्दतों बाद ऐसा मौसम देखा है
भीगे सावन सा जो लगता है
मैंने आँखें ऐसी देखी हैं जो आस बना ये रहती हैं
हर कोशिश का नया रूप है मैं जानू कैसा रूप है ये
अब तुझसे बिछड़ने का ग़म
मुझे नया नया सा लगता है
तू फिर वापस ना आना दोस्त तुझे देखते ही रो पड़ूँगा
शायद उसका ग़म मुझको अंदर से
खाया खाया लगता है
जब भी याद किया है तुझको
खुशमिज़ाज़ हमेशा दिखती थी तू
तुझसे ही बिछड़ने का ग़म अब
मुझको मारा हुआ लगता है
एक ज़रा सी बात है साक़ी
अंधा कुआँ है दुनिया 'मिलाप'
किसी मैखाने से पूछ तू जाके
तुझको कैसा लगता है
इसी उम्मीद में जी रहा हूँ बहन तू मुझको अब माफ कर
देगी
वरना इस दुनिया ने तो जान ली है हर सच अब अपना
लगता है
आबाद रहे ये दुनिया प्यारी अब अपन घर चलते है

ऐ दोस्त मुझको घर छोड़ आ
बिना पिये भी सब तन्हा लगता है

ऐ दोस्त मुझको घर छोड़ आ
बिना पिये भी सब तन्हा लगता है

12. ज़िन्दगी के अलफ़ाज़

खुद के बारे में दो चार अल्फ़ाज़ क्या बोल दिए, लोगों ने
मुझे बे परवाह समझ लिया
मगर मैं फिर उठा और मैंने
ज़िन्दगी की डोर को थाम लिया
ये सफर है प्यारे
प्याले के साथ ही खत्म होना है
इसको तू थाम कर चलना
मैंने दुनिया से रिश्वत ली थी आज दुनिया ने मुझको सुपुर्द
ऐ खाक कर दिया

13. बारिश की कहानी

बूँद बूँद से सागर बनता बूँद बूँद से पानी
कहकर सुना रहा हूँ बच्चों बारिश की ये कहानी
किसी गाँव में किसी मोड़ पर रहता था एक राही
गर्मी थी उसकी दुश्मन और ठंड उसकी हमराही
एक दिन हमारे सूरज दादा चमके ऊपर बहुत हज़ार
यहां नीचे उस राही को अब नींद नहीं आयी अब यार
देख सुनहली धूप को राही पहुंच गया सूरज के पास
बोला "दादा ठहरो यार!
सोने दो मुझे आज आखिरकार"
सूरज दादा हँसे ज़ोर से राही को कर दिया अब दूर
राही हताश मायूस बैठा हो गया अब चकनाचूर
उसको देख बादल काका को बड़ी दया उस पर आई
बादल काका बड़े सयाने उसको छाया दिलवाई
बादल का यह देख बड़प्पन सूरज बड़ा फिर उकसाया
हवा को रिश्वत देकर उसने बादल को दूर हटाया
राही बड़ा निराश अब बच्चों उसने हार नहीं मानी
नदी के पास गया और बोला,
"आज दिख रही बड़ी सयानी"
नदी भी इसके मस्के को भाँप गयी और उसने ठानी
खुद को सूरज की गर्मी से भाँप बनानी उसने मानी
इसी भाँप से सूरज दादा हुए थोड़े नरम दिल
और बोले, "क्या चाहते हो गर्मी में

नहीं रखे मेरा दिल?"
अब ये भाँप बन गयी बादल और गर्जना शुरू हो गयी
रिमझिम रिमझिम बूँदें फिर
बारिश बन कर नीचे आ गयी
अब राही को चैन मिला और उसने येबात है ठानी
उसने मुझ तक मैंने तुम तक पहुँचायी बारिश की कहानी

14. दर्द

दर्द मैंने लिखा है
कैसे ये तुम्हे बताना था
मुझको तसल्ली हुई ये देखकर
अब मैं कामयाब बना हूँ तुम्हे देखकर

15. रिंदों से कहिसुनि

रिन्द जो हो तो क्या
मुझको पिलाने आओगे
मुझको फिर एक साज़ ए ज़िन्दगी
तुम कोई दिलाओगे
मैं खड़ा हूँ किसी
मक़सद ए मुंतज़िर की आड़ में
मेरी माशूका का पैग़ाम
क्या तुम देने आओगे
दर्द समझता है
कोई मेरा अपना हमनवां
तुम कभी मुझ को भी
छोड़कर चले जाओगे
दोस्त मैं समझता हूँ तुम्हें अपना साथ एक रहे
तुम इस दुखती नस पर
क्या मरहम बन पाओगे
शब की लाली सिमट रही ए मिलाप
अब तू कहाँ मैं कहाँ
ज़ख़्मी दिल का मरासिम हो
क्या मुझे दगा दे पाओगे

16. जनाब मुलाइज़ा फरमाइऐ

रातें हैं या ये दो कजरारी आंखें उसकी
बला की मेहरबानी ही समझो
निगाह ऐसा क़ी ऐ पैमाना ऐ शराब हैं ये
किस कदर डूब जाओगे तुम

17. ज़िन्दगी से उम्मीद

इस ज़िन्दगी से उम्मीद बहुत की थी जनाब पर
ये ना मालूम था किताब ऐसी होगी
कि पन्ने सारे उलट गए होंगे
ज़िन्दगी की बसर हुई
सेहरा की खुशी में समंदर जैसे ग़म आये होंगे
कभी आशना का रुख देखाना था इतना
कि ज़िन्दगी ही बस जाएगी
बस यादों में जीते गए नई कहानी लिखते गए
ये हर्फ़ है या है ये सवाल
एक ना एक दिन तो जाना ही होगा
मैं क्यों हूँ क्यों नहीं
कहने वालों बस तुम ज़िन्दगी को
क्यों तबाह कर गए
रूह की बात है मिलाप
ग़म आते हैं जाते हैं
बस इतना कहना चाहूंगा
वो कहते गए हम लिखते गए
ज़िन्दगी बनाते गए

18. बस बोल देता हूँ

मैं कौन हूँ किस जहां का हूँ
कौनसा ज़माना हूँ
एक वक्त हूँ सरफ़रोशी का
एक तन्हा सा उजाला हूँ
बड़ा इंसान बनना कोई
रक़ीब ऐ गैर से सीखे
मैं तो क़तरा हूँ समंदर में
एक नया फ़साना हूँ

19. ज़ुबान ऐ दास्तान (फ़ाकिर की कलम को सलाम)

मेरी ज़ुबान से मेरी दास्तान सुनोगे कहीं
दिल मिला कर घबराने की बात है कि नहीं
ज़रा ज़रा सा सरकना है बात ऐसी थी
ज़ुबान ज़ुबान की हुई बात सुनोगे कहीं
क़बीले आते हैं जाने को रिश्तों की सुनो
मेरी तन्हाई की आवाज़ तो सुनोगे कहीं
सफर सफर में दस्तूर है लिखा तो हुआ
रक़ीब रक़ीब पर हुई बात सुनोगे कहीं
अभी तो बस यही है बात 'मिलाप' रोके ना रुके
'फ़िराक़ मिलाप' बना है सुनोगे कहीं
अभी अभी तो आखिरी शब है मेरे सीने में
रुकी रुकी सी हुई साँसों को सुनोगे कहीं
ग़ज़ल की आस में
शब गुल शब बन कर आये हो
नज़र नज़र में रोना तो सुनोगे कहीं
मिलाप तू नज़र आया खुद की लाश पर
उसी लाश को लिपटकर तुम रोओगे नहीं
ज़लीले ख़ाक में मस्ती थी या था ये नशा
ज़ुबान सरकती है उस्ताद तुम समझोगे नहीं

इसी की लाश से जिंदा होगा ये मिलाप
हुआ मशहूर ये ज़िंदा लाश
इसकी ग़ज़ल सुनोगे कहीं

इसी की लाश से जिंदा होगा ये मिलाप
हुआ मशहूर ये ज़िंदा लाश
इसकी ग़ज़ल सुनोगे कहीं

20. रोज़ की कहानी

सुबह का दूध दोपहर का पानी
शाम को चाय रात है जाम की कहानी
बस यही है मेरी ज़िंदगानी

21. एक चाहत

किस्से मिलेंगे वारिस के तुमको
जब मैं याद आऊंगा
जिस दिन हो जाऊंगा मशहूर
उस दिन तुम्हें भुलाऊंगा

22. ज़िन्दगी को जीना इतना आसान नहीं

ज़िन्दगी को जीना है आसान सा काम नहीं है

मेरी ज़िंदगी जीना तुम्हारे बस की बात नहीं है

मैं हवा हूँ मयकदे की आबरू बन चुका हूँ

शम्मा जलाने की आदत तुम्हारे बस में नहीं है

हर सुबह दुनिया जागे

मैं आज ही आखिरी जीऊँगा

कोई दुनिया में मुझे बचा ले

ये किसी की फ़ितरत में नहीं है

शायर ऐ इंक़लाबी शायर ऐ जनाब

शायर ऐ गुलिस्तां बन चुका है कांटा

उसको फिर से बना दो यार

ये तुम्हारे किस्मत में नहीं है

मैं शब की लाली हूँ मैं मिलाप फ़िराक़ इंदौरी हूँ

तुम मुझे कहो या मेरी सुनो

ये तुम्हारे बस में नहीं है

23. हिन्दू राष्ट्र विश्व में

एक एक बूंद से हम जवान हो खड़े
हिन्दू राष्ट्र विश्व में सदा ही ऊंचा रहे
एक जैसे दो खड़े प्रेम भावना से
ऐसी अच्छाई में संघ बढ़ता रहे
अभी अभी हुआ उदय प्यार से बढ़ा रहे
हिन्दू राष्ट्र विश्व में सदा ही ऊंचा रहे
ये मेरा देश है मैं इसका अंग हूँ
ये मेरा गुलाल है मैं इसका रंग हूँ
अभी मेरे देश में उन्नति के घर रहे
हिन्दू राष्ट्र विश्व में सदा ही ऊंचा रहे
एक बात याद से सुन लो तुम्ही खुदा
ज़िन्दगी ये शौक की मत मिटाओ खुदा
दुश्मन संघार कर राष्ट्रमुक्ति बनी रहे
मिलाप तेरे साथ ये राष्ट्र ऊंचा रहे
एक एक बूंद से हम जवान हो खड़े
हिन्दू राष्ट्र विश्व में सदा ही ऊंचा रहे

24. लड़का होने की परेशानी

तुम लड़के हो तुम मक्कार हो तुम हो धोखेबाज़

तुम मतलबी तुम शैतान सब हमें सुनना पड़ताहै

क्या जीने का हक़ हमें नहीं है जो

ये सब सहना पड़ता है

हाँ हैं मतलबी दुनिया के लिए पर

तुम क्या जानो हम सबका दर्द

एक लड़का बनकर तो देखो कभी पता चलेगा

लड़का बनकर कैसे जीना पड़ता है

लाज भी हमको रखनी पड़ती रखनी पड़ती है मर्यादा

चुप रहकर सहन करना है जीवन की हर मर्यादा

हैदराबद हुआ हुआ लखनऊ सहन करो यही मर्यादा

भले ही कोई लड़की परेशान कर

फिर भी हम रखे मर्यादा

तुम लाज की बात ना करो दुनिया

जवाब हमें देना पड़ता है

क्या जीने का हक़ हमें नहीं जो ये सब सहना पड़ता है

अरे हम में भी रूह है हम भी इंसान हैं

जीते हैं हम भी प्यारे

लड़का हुआ है खुश होते हैं

बस एक दिन की खुशी है प्यारे

भले ही कोई खोखला नारीत्व हमको कुछ कह देता है
हम समाज के बंधन में हैं इतना बस समझ ले प्यारे
एक दिन आएगा जब ये झूठा नारीत्व सामने आएगा
तब समझेगी दुनिया हम लड़कों को
तब सत्य सामने आएगा
तब भी शायद हम लड़कों को
शायद ही इंसाफ मिलेगा
दुनिया की नज़र हम पर होगी
हम को ही फाँसा जाएगा
क्या वो दुष्कर्म करे तो भी हमको सहना पड़ता है?
अरे जानबूझकर हम को फसाते
हम को सहना पड़ताहै
वो मासूम हम क़ातिल ये भी हमें देखना पड़ता है
क्या जीने का हक़ हमें नहीं जो ये सब सहना पड़ता है
सरकार, समाज और घर परिवार
ठहराए हमको ही दोषी
भले ही कोई गलती ना हो फिर भी हम ठहराये दोषी
चलो हम हैं दोषी पर क्या हम को ही सुनाओगे
ज़िद ना होगी पूरी तुम्हारी तो क्या हम को फ़साओगे
हम चाहे कर ले घर के काम पर रोना अकेला पड़ता है
क्या जीने का हक़ हमको नहीं
जो ये सब सहना पड़ता है
समाज ने किया है भेदभाव अब तुम रोते रहते हो
समाज हमको ही ताने मारेगा
फिर भी तुम क्यों रोते हो?
जवाब मिलेगा लड़का बनकर देखो तोमालूम होगा
परेशानियाँ बढ़ेंगी ही रोना भी नसीब ना होगा

परिवार, नौकरी, पढ़ाई, विवाह
सबमें हमको सहना पड़ता है
क्या जीने का हक़ हमको नहीं
जो ये सब सहना पड़ता है
आज 'मिलाप' तू हारा है कल अब बस तेरा होगा
समाज में दोनों पलड़ों पर समान रूप से न्याय होगा
सत्य की जय असत्य की हार
सब कुछ अब अच्छा होगा
हर जगह शांति होगी न्याय पूरा न्याय होगा
तब तक क्या करे तुम बताओ
हमको ही झेलना पड़ता है
क्या जीने का हक़ हमको नहीं
जो ये सब सहना पड़ता है

25. समाज पर एक लेख कवि का

समाज क्या है?

एक इंसान को पूछो कि उसका क्या पंथ है, क्या जात है, कैसे समाज में रहता है! उसका यही उत्तर रहेगा कि वह बस समाज में है उसका पालन कर रहा है। पर ये कब तक चलेगा? बहुत सी चीजें ऐसी भी होती हैं जो समाज में कई सालों से चली आ रही हैं पर कब तक ऐसी ही चलेंगी? I live in a society where people love to respect the elders but dont want to continue their legacy. मैं भी उसी field में आता हूँ। मुझे इज़्ज़त है पर कुछ नियम भी ऐसे होते हैं जिनको मैं चाह कर भी नहीं बदल सकता। पर उनसे अलग तो रह ही सकता हूँ। मुझे उड़ना है पर यदि कोई पर काट दे तो कैसा रहेगा? ऐसा ही मेरे साथ भी होता है। कुछ चीजों में आज़ादी है पर कुछ चीज़ें आज भी आई बाबा के लिए आज भी उसी ज़माने की हैं जिस ज़माने का मैं नहीं हूँ। अब विदेश में आप जाओ तो आपको काम करना आदत है 18 वर्ष के बाद। परन्तु यदि हम भारत में करे तो हमको डाँट दिया जाता है। बस इसी सोच को बदलना होगा। मुझे पता है इसमें समय तो लगेगा पर यह सोच बदलेगी ज़रूर।

उस दिन मुझे याद कर लेना मैं यही रहूँगा यदि ज़िंदा रहा तो। चलो दोस्तों इसी के साथ इस बकवास का अंत करते हुए मिलता हूँ।

अलविदा

26. कोरोना काल में कहानी

आज मैंने एक शख्स को देखा
ना कोई शिकवा ना ही शिकन थी
बस एक साफ चेहरा था
झलक बस जानी पहचानी सी लग रही थी
ये वही इंसान था
जो कोरोना का शिकार पाया था
आज वो इंसान अस्पताल से वापस आया था
मैंने उससे बोला भाई तुम तो बड़े नवाब हो
कोरोना से जीत गए फिर भी अभी अनजान हो
कैसे तुमको हुआ था ये
और कैसे क्या किया था अस्पताल ने
कैसी ज़िन्दगी थी उसमें
और कैसा साज़ था उस जगह में
वो इंसान बोला कुछ ऐसा
सुनकर जिसे मैं दंग रह गया
आज उसके लिए इज्जत और बढ़ गयी थी उसको आज मैं
पहचान गया था
बोला वो कि देख 'मिलाप' तू
आज कोरोना बढ़ गया है
सियासत के लिए मुद्दा था तब

अब ये बस एक ठंडा बस्ता गया है
तुम उसको कैसे ना देखो
जब देखो तब दर्द लिए रहते हो
मुझे तो कभी मौज करने दिया करो
बाद में थोड़ा सुस्ताया करो
जब तक डॉक्टर साहब है अपने आस पास
तब तक कोई दिक्कत नहीं है
डॉक्टर क्या करेगा तुमको
बस तुम्हे काढ़े से नफरत है
इलाज भी हम आयुर्वेद से करेंगे
इसलिए ज़्यादा मुंह मत सुझाओ
बस कोरोना खत्म करो और
बस अब खुशहाली लाओ
आओ मेरे पास आओ मेरे पास आओ

27. मैं अपने जैसा हूँ

देख लो मुझको अगर तुमसा नहीं हूँ
हाँ हूँ मैं वही एक शख़्स पर
अपना सब भूला गया हूँ
तुम मेरे हो ये बात जान लो
ऐ मिलाप ऐ दिल की दास्तान है
तुम मेरे ही हो पर मैं अब जैसे तुम्हारा कुछ भी नहीं हूँ

28. बन जा तू मेरी ग़ज़ल

जब कोई राह नहीं हो आसान

दिखता है ये मंज़र नादान

खुदा की आस है मुझे मंज़ूर

लेकर चलता हूँ मैं जुनून

तू मेरी है इस क़दर

पहुंचता हूँ दिल की डगर

तू साथ देदे अगर मेरा

मैं तेरा शायर तू मेरी ग़ज़ल

सरहदें ज़रूर है मंज़िल की

मुक़ाम है आसरे और निशान

मैं आशिक़ी का दीवाना

तेरा होकर ना जाना

मैं तेरा ही हूँ इस क़दर

दे दूंगा जान इधर

तू अपने दिल में बसा ले मुझको

बन जा तू मेरी ग़ज़ल

बन जा तू मेरी ग़ज़ल

बन जा तू मेरी ग़ज़ल

29. वो वक़्त आएगा

आज नहीं हूँ मैं पर वक़्त ऐसा आएगा
मिलाप नाम जो बोलेगा
दर्द वही सिर्फ पायेगा
ऐ दर्द तुझे झेला है मैंने
तू ना चाहते भी आ जाता है
अब वापस सिर्फ वो आएगा जो मुझे छोड़कर जाएगा

30. एक छोटी सी आँखरी ख्वाहिश

सांस जम गई है दिल थम गया है
तुम बस एक ख्वाहिश पूरी कर दो
मेरी आखिरी सलामी मेरे दोस्तों को दे दो
कह दो उनको कि एक
ऐसा यार भी था तुम्हारा
फ़िक्र जिसको तुम्हारी थी
दगा दिया था तुमने जिसको
पर उसको तुम्हारे दगा की फ़िक्र नहीं थी
बस थी तुम्हारे दुआओं की ज़रूरत
याद करेगा तुम्हें वो ऊपर से
परवरदिगार ए खुदा से यही दरख़्वास्त करेगा
तुम सभी रहो सही सलामत
बस ये ख्वाहिश पूरी कर दो

31. हैवानियत की बात मत करो

तुमने मुझे अफ़साने दिए मैंने तुम्हें ज़माने दिए
तुम उस शब की बात मत करो जब हम में से ही
कुछ लोगों ने दुनिया को हैवान दिए
हैवानियत की बात मत करो थोड़ा सा सहम जाता हूँ
आज दुनिया ने कितने पैगाम दिए
हमने ही तो हैवान दिए

32. मन का अंध तमस

जिसने मुझे चाहा मैंने उससे पूछा
कि तुम मुझे इतना क्यों चाहते हो
जवाब आया जनाब
मैं सिर्फ एक हूँ जो तुमको चाहता है
बाकी सब तुम्हें नापसंद करते हैं
एक तरफ़ तारीफ़ करते हैं
और दूसरी तरफ़ खंजर भोंकते हैं
मैंने पूछा क्यों मिया ऐसा
क्यों करते हैं लोग मेरे साथ
जवाब आया मिलाप
तुम हो इतने भोले के लोग
तुम्हारा फायदा लेते हैं
फिर छोड़कर चले जाते हैं
सिर्फ एक मैं ही हूँ
जो न चाहते हुए आ जाता हूँ
और मैंने पूछा कि मिया
नाम ज़रा बताना खुद का
जवाब आया मिलाप एक हूँ
जो तुम्हारे साथ मैं दर्द हूँ
तुम्हारा अपना ना जाने क्यों पर
तुमको हँसते हुए देखना है मेरा सपना
तुम्हारी आदत मुझे आने पर मंजबूर कर देती है

क्यों इज़्ज़त गवारा करते रहते हो
और ख़राब करते हो वक़्त अपना

• 42 •

क्यों इज़्ज़त गवारा करते रहते हो
और ख़राब करते हो वक़्त अपना

33. शाम ऐ गुलदानी

गुज़रती है गुज़र जाती है

अक्सर शाम ऐ गुलदानी

फ़िज़ा है या हक़ीक़त है ये

ज़िंदा आख़िरी वाणी

यही किस्मत है या फिर जोश है

मेरा गवारा है

तुम्हारे आँख की दिलकश ज़ुबान में यूँ गुज़ारा है

34. फुटपाथ

फुटपाथ की ज़िंदगी भी
क्या ज़िन्दगी है जनाब
लोग यहाँ आते ही हैं किस्मत चमकाने
छूट जाते हैं कोई
रास्ते में अक्सर
कोई मंजिल तक पहुँच जाते हैं
यूँ कोई उजाले में भी थाम लेता है दामन
ग़म के दो पहलू हैं यूँ चलते बिखर जाते हैं
कोई कहे ना कहे कोई शाम में अक्सर
सवाल ऐ जवाब में आकर चले जाते हैं
तुम कहो ना कहो हमको
किस्मत में तो बस जाते हैं
हम ठहरे अजनबी बस यूं ही चलते जाते हैं
उम्मीद ना रख मुझ से कोई ऐ 'मिलाप' तू
बस इतना कर देना
यूँ कोई रोके तो उसका हाथ
कभी मत छोड़ देना
चल चलते हैं लंबे सफर पर तक़दीर भी लोगों को दिखानी
है
हम जवान हैं या ज़िन्दगी है जवान
ज़ुबान हमको ही बतलानी है
गिरती घड़ियाँ उठती कलियाँ

बस हमको ये सब बताते हैं
जहाँ कहीं भी चेहरे मिलते
अक्सर हम से मिल जाते हैं
सफर में लंबी जुल्फें बना ये
चलती हैं ये जवान राहें
फ़िज़ा भी जिनसे रूबरू हैं
फुटपाथ पर से मिलती हैं घटाएँ
ये फुटपाथ पर से शुरू हुई है
फुटपाथ पर ही खत्म होगी
कैसी दास्ताँ कैसी दिलकशी
कैसी है ये चलती हवाएँ
खैर हम अब चलते हैं और
वापस अब कभी लौटकर ना आते हैं
जब दामन जल जाएगा
तब हम भी उदास हो जाते हैं
ये फुटपाथ है जनाब फुटपाथ
इसको सलाम ज़रूर कर लेना 'मिलाप'
दुनिया को तो छोड़ ही दे
हो चुकी है तेरे खिलाफ
वाक़ये, किस्से, कहान, ज़ुबानी
इन सब में हम आये हैं
आते हैं अब कहीं दूर से यारों
चलो आते हैं ज़िन्दगी में वापस
ऊपर से रो आये हैं
ये बातें कही हैं मैंने फुटपाथ के लिए
कहीं से कहीं दुनिया को लाते हैं
एक मुद्दत में कितने लोग आते हैं

और यहाँ बस जाते हैं

35. सहर से मिलने जाता हूँ

गुलिस्ताँ से गुलाब
मयकदे से शराब
अमराई से आम
लेकर चला है 'मिलाप'
अपनी ज़िंदगी की सहर से मिलने

36. तन्हाई-1

ग़म है खुशी है ज़िन्दगी है तक़दीर है
मुद्दत में मेरी खामोशी
मेरी किस्मत की लकीर है
कहानी है किस्से हैं
किताब है सन्नाटा है
हयात है लब हैं चुप्पी है
मेरी तन्हाई है

37. ज़िन्दगी से मौत तक का सफर

मेरी ज़मीन पर एक ओस का कण गिरा तो मेरा आँगन
बना

कण ने मुझसे कहा आज तू एक इंसान बना

नन्ही हथेलियों पर जब मिट्टी आती है

उस बच्चे से वो कुछ न कुछ कह जाती है

ज़्यादा हो या कम अब मुझे क्या पता

अब तो मैं तेरा टर्टक और तू मेरी घटा

सुनेगा तो तू कुछ मुझसे सुन ली सारी तेरी

ओ चन्दा अब तू ही बता! क्या सुनूं मैं तेरी?

रोया था पहली बार और हँसा भी पहली बार

याद होगा तुझे अब क्या होती है यह हार

मौत भी आ जाए तो तुझे कुछ नहीं होगा

मेरी मौत का पैगाम भी तुम्हारी तन्हाई से होगा

महफ़िल की क्या बात है अब हम बूढ़े हुए

हमारे घर पर भी अब दो जुड़वाँ हुए

आखरी सांस तक जिए हम दोनों अब चलते हैं रब के पास

जलाया जाएगा या दफनाया जाएगा अब अगला जनम
होगा ख़ास

38. ख्वाब

चलते हैं किसी दूर गाँव में जहाँ कहीं अब शांति होगी

ज़िन्दगी कहीं रुकी होगी तो कहीं चल रही होगी

मैं कोई दूर देश का एक नौजवान लेकर चलता रहता हूँ
ग़म

अब कितने ऐसे अरमान हैं मेरे जो मेरे अब रह जाएंगे
कुछ कम

हाँ मैं वही मनहूस शकल हूँ जिसको तुमने ताल दिया

उस राह पर जहाँ कहीं पर तुमने मुझको खुदा बनाया था

फिर आया हूँ वापस अब मैं पता नहीं अब क्या होगा

जो होगा अब जैसा होगा सब मंज़ूर ऐ मिलाप होगा

जब तक ज़िन्दगी थी मेरी तब तक मैं चुप रहा था

अब ज़िन्दगी चली गयी तो बोल दिया तो क्या होगा

मैं बस सोचूँ मैं बस समझूँ मैं जो कहूँ अच्छा है

मेरा मिज़ाज़ मेरा ग़ालिब मेरा वाइज़ अच्छा है

तुम तो गोया बात न करो मेरे ये दिल ऐ किस्मत की

तुम ना हो तो अच्छा है और हो तो बहुत अच्छा है

39. तन्हाई-2

तन्हाई में मेरी शाम ऐ ग़म को
कुछ ना बोलो अच्छा है
मेरी फितरत मेरी ख्वाहिश
मेरा दामन अच्छा है
ये सबाब अब कब मिलेगा
यूँ मुझे अब ऐ 'मिलाप'
उफ़्फ़ ये सन्नाटा है कब से
जहन में ये खून अच्छा है
तन्हाई में क्या जल गया
है अब इसमें जोश ये
कुछ ना बोलो अच्छा है और
कुछ ना समझो अच्छा है
झूठ है तो सच फिर
क्या है अब मुझको मालूम नहीं
चुप रहूँ तो अच्छा है
और ना बोलूँ तो अच्छा है
तू ना समझेगा कभी इस बात को
अब ऐ 'मिलाप'
चुप रहेगा अच्छा है
ना बोलेगा तो ये अच्छा है
ये ही दुनिया का उसूल
तन्हाई में जीता है जहाँ

सुनना किसको लगता है
चुप रहना ही तो अच्छा है

सुनना किसको लगता है
चुप रहना ही तो अच्छा है

40. चलते हैं

उजालों में मिलूँगा फिर कभी
चलता हूँ अब मैं इस सफर
लंबी है ये दास्ताँ
आँखरी सफ़हा ये लिख लेना

आखिरी खत

चलता हूँ मैं अब कहीं
मिलते हैं फिर किसी किताब में
फिर लिखूंगा 'जहान ऐ मिलाप'
अच्छा लगा है कुछ अब मुझमें
ग़ज़ल, नज़्म, तरन्नुम साज़
सब मुझको आज मिल गए
काव्य में ये सब आते हैं
मुझको ये समझ गए
फिर लिखूंगा नया कोई कल
जब हो जाऊंगा मशहूर मैं
तब मिलूंगा सभी लोगों से
जब लौट आऊंगा किसी नए रूप में
हक़ीक़त है या कोई अधूरी दास्तान ये
अब मैं चलता हूँ
फिर से कुछ दोस्तों से मिलता हूँ
फिर से नए काव्य लिखता हूँ
नया रास्ता नई दिशाएँ
दोस्त वही पर नई हवाएँ
किस्मत है ही कुछ ऐसी जनाब ये
नया रूप है नई फ़िज़ाएं
मैं लिखूंगा फिर से कोई
खत आखरी अब आता हूँ मैं
मिलने जाना हैं दोस्तों से
नई किताब में आता हूँ मैं

आखिरी खत

अलविदा........................

आखिरी पन्ने पर कुछ

मिलते हैं अगली किताब में
अलविदा......